```
III II I I IIIIIIIIII II IIIII III
              AF205859
```

Impressum
Verlag: BABADADA GmbH, Nedderfeld 112 , 22529 Hamburg
Geschäftsführer / Verlagsleitung: Harald Hof
Druck: Books on Demand GmbH, In de Tarpen 42, 22848 Norderstedt

Imprint
Publisher: BABADADA GmbH, Nedderfeld 112 , 22529 Hamburg, Germany
Managing Director / Publishing direction: Harald Hof
Print: Books on Demand GmbH, In de Tarpen 42, 22848 Norderstedt, Germany

skola
Szkoła

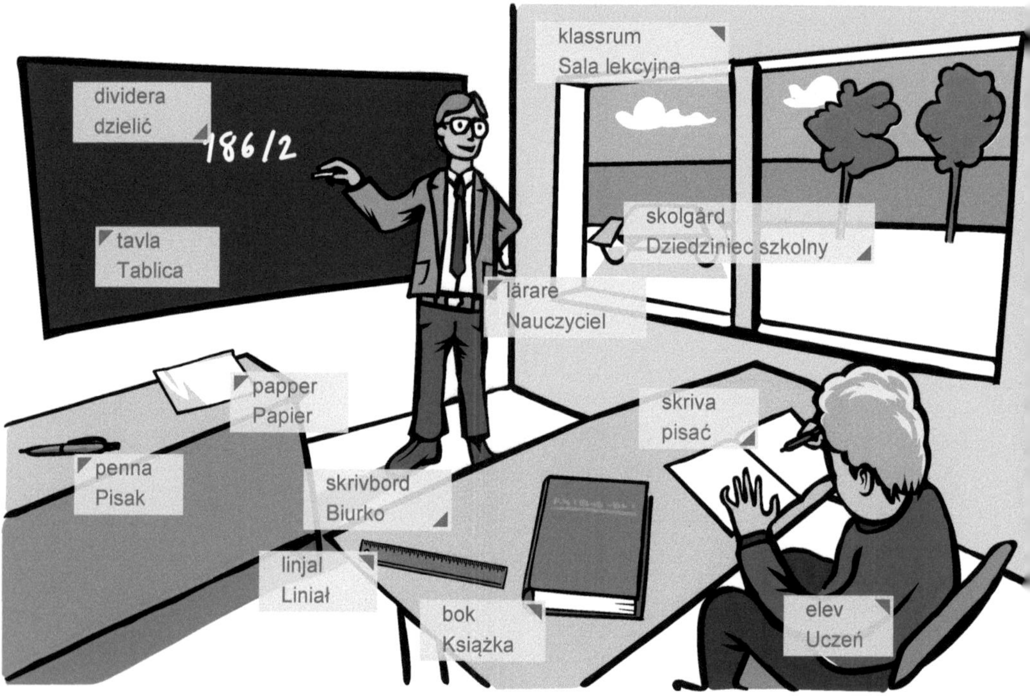

klassrum
Sala lekcyjna
dividera
dzielić
186/2
tavla
Tablica
skolgård
Dziedziniec szkolny
lärare
Nauczyciel
papper
Papier
skriva
pisać
penna
Pisak
skrivbord
Biurko
linjal
Liniał
bok
Książka
elev
Uczeń

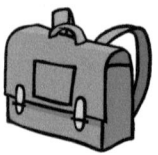

skolväska

Plecak szkolny

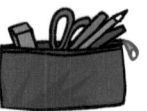

pennfodral

Piórnik

blyertspenna

Ołówek

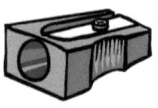

pennvässare

Temperówka

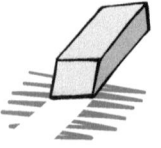

suddgummi

Gumka do mazania

ritblock

Blok rysunkowy

teckning

Rysunek

pensel

Pędzel

målarláda

Pudełko z akwarelami

sax

Nożyce

lim

Klej

övningsbok

Książka do ćwiczenia

hemläxa

Zadanie domowe

12

tal

Liczba

2+2

addera

dodawać

5-2

subtrahera

odejmować

2×2

multiplicera

mnożyć

räkna

liczyć

A

bokstav

Litera

ABCDEFG HIJKLMN OPQRSTU VWXYZ

alfabet

Alfabet

ord

Słowo

text
....
Tekst

läsa
....
czytać

krita
....
Kreda

lektion
....
Godzina

register
....
Dziennik lekcyjny

prov
....
Egzamin

intyg
....
Świadectwo

skoluniform
....
Mundurek szkolny

utbildning
....
Wykształcenie

uppslagsverk
....
Leksykon

universitet
....
Uniwersytet

mikroskop
....
Mikroskop

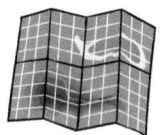

karta
....
Mapa

papperskorg
....
Kosz na odpadki

resa
Podróż

hotell
Hotel
Grand
vandrarhem
Schronisko
ROOMS
växelkontor
Kantor wymiany walut
EXCHANGE
resväska
Walizka
bil
Auto

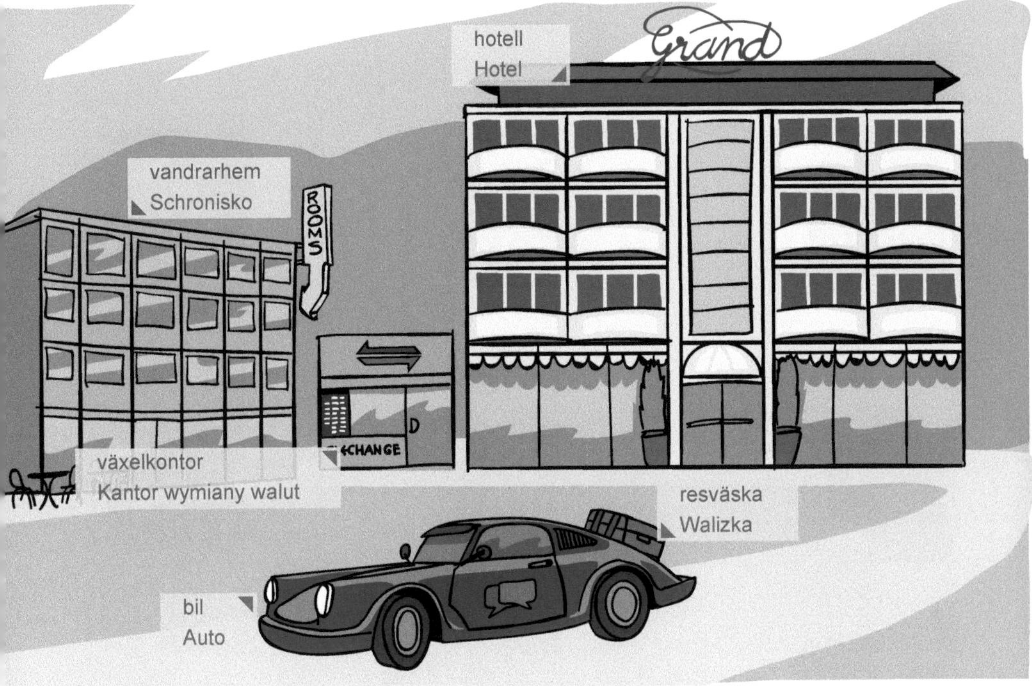

språk
Język

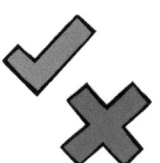

ja / nej
tak / nie

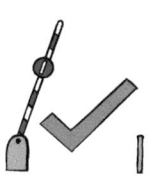

Okay
OK

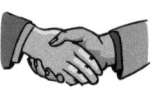

hej
Halo

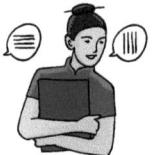

översättare
Tłumacz

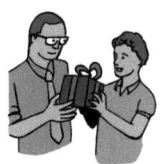

Tack
Dziękuję

hur mycket kostar...?

Ile kosztuje ...?

jag förstår inte

Nie rozumiem

problem

Problem

God kväll!

Dobry wieczór!

God morgon!

Dzień dobry!

God natt!

Dobranoc!

hejdå

Do widzenia

riktning

Kierunek

bagage

Bagaż

väska

Torba

ryggsäck

Plecak

gäst

Gość

rum

Pokój

sovsäck

Śpiwór

tält

Namiot

turistinformation

Informacja turystyczna

strand

Plaża

kreditkort

Karta kredytowa

frukost

Śniadanie

lunch

Obiad

middag

Kolacja

biljett

Bilet

hiss

Winda

frimärke

Znaczek na list

gräns

Granica

tull

Cło

ambassad

Ambasada

visum

Wiza

pass

Paszport

transport
Transport

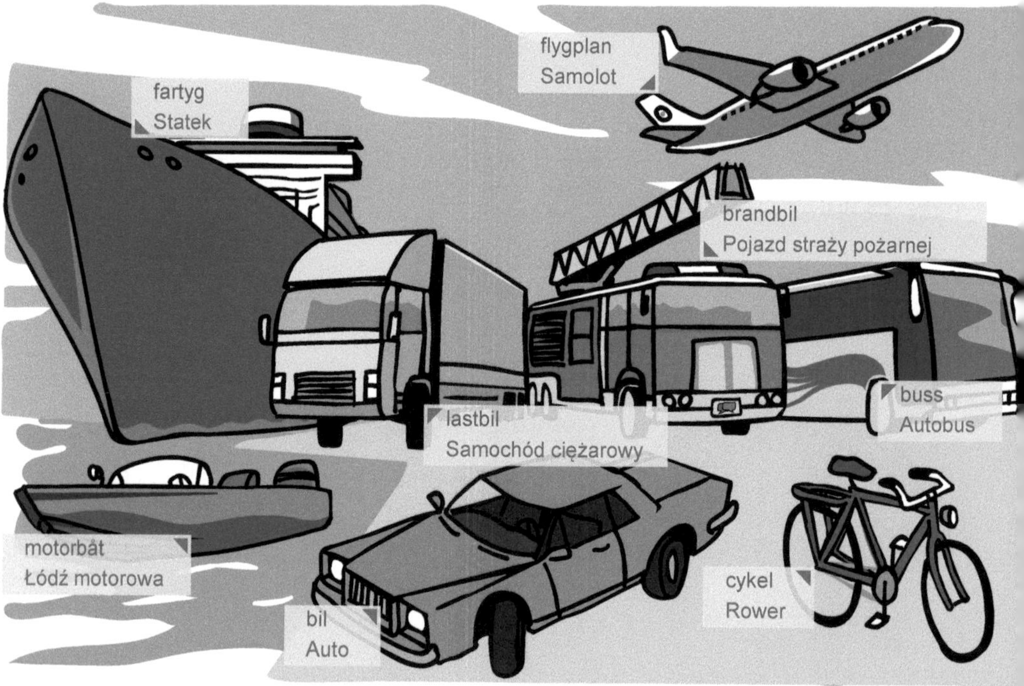

fartyg
Statek
flygplan
Samolot
brandbil
Pojazd straży pożarnej
lastbil
Samochód ciężarowy
buss
Autobus
motorbåt
Łódź motorowa
cykel
Rower
bil
Auto

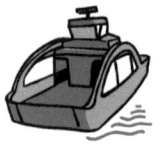

färja

Prom

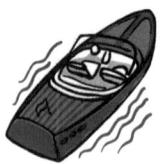

båt

Łódź

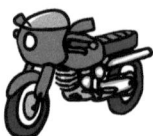

motorcykel

Motocykl

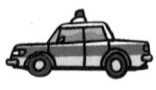

polisbil

Radiowóz policyjny

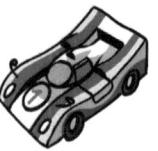

racerbil

Samochód wyścigowy

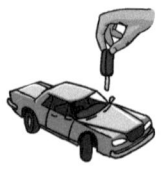

hyrbil

Samochód wypożyczony

bilpool

Wspólne przejazdy samochodem

bärgningsbil

Samochód pomocy drogowej

sopbil

Śmieciarka

motor

Silnik

bränsle

Benzyna

bensinstation

Stacja benzynowa

vägmärke

Znak drogowy

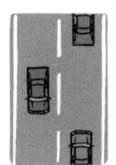

trafik

Ruch

bilkö

Korek

parkeringsplats

Parking

tågstation

Dworzec

räls

Szyny

tåg

Pociąg

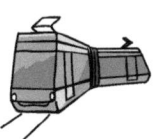

spårvagn

Tramwaj

vagn

Wagon

helikopter

Helikopter

flygplats

Lotnisko

torn

Wieża

passagerare

Pasażer

container

Kontener

kartong

Karton

vagn

Taczka

korg

Kosz

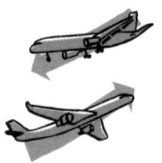

starta / landa

startować / lądować

stad
Miasto

by

Wieś

centrum

Centrum miasta

hus

Dom

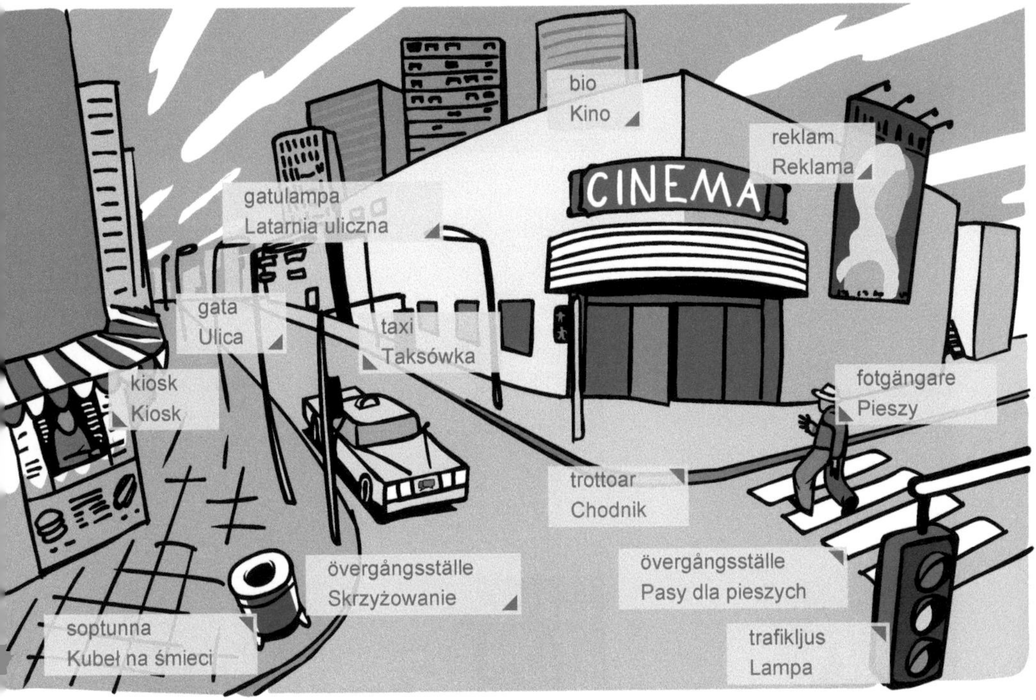

bio / Kino

reklam / Reklama

gatulampa / Latarnia uliczna

gata / Ulica

taxi / Taksówka

fotgängare / Pieszy

kiosk / Kiosk

CINEMA

trottoar / Chodnik

övergångsställe / Skrzyżowanie

övergångsställe / Pasy dla pieszych

soptunna / Kubeł na śmieci

trafikljus / Lampa

stuga

Chata

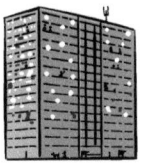

lägenhet

Mieszkanie

tågstation

Dworzec

stadshus

Ratusz

museum

Muzeum

skola

Szkoła

universitet

Uniwersytet

bank

Bank

sjukhus

Szpital

hotell

Hotel

apotek

Apteka

kontor

Biuro

bokhandel

Księgarnia

affär

Sklep

blomsterbutik

Kwiaciarnia

stormarknad

Supermarket

marknad

Rynek

varuhus

Dom towarowy

fiskhandlare

Sklep z rybami

köpcentrum

Centrum handlowe

hamn

Port

park

Park

bänk

Ławka

brygga

Most

trappa

Schody

tunnelbana

Metro

tunnel

Tunel

busshållplats

Przystanek autobusowy

bar

Bar

restaurang

Restauracja

brevlåda

Skrzynka na listy

gatuskylt

Tabliczka z nazwą ulicy

parkeringsautomat

Parkometr

zoo

Zoo

simbassäng

Łaźnia

moské

Meczet

bondgård

Gospodarstwo chłopskie

fororening

Zanieczyszczenie środowiska

kyrkogård

Cmentarz

kyrka

Kościół

lekplats

Plac zabaw

tempel

Świątynia

landskap
Krajobraz

löv
Liść

vägskylt
Drogowskaz

väg
Droga

äng
Łąka

sten
Kamień

träd
Drzewo

liftare
Wędrowiec

flod
Rzeka

gräs
Trawa

blomma
Kwiat

dal
....
Dolina

kulle
....
Góra

sjö
....
Jezioro

skog
....
Las

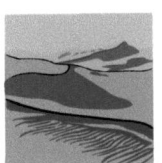

öken
....
Pustynia

vulkan
....
Wulkan

slott
....
Zamek

regnbåge
....
Tęcza

svamp
....
Grzyb

palm
....
Palma

mygga
....
Komar

fluga
....
Mucha

myra
....
Mrówka

bi
....
Pszczoła

spindel
....
Pająk

skalbagge

Chrząszcz

groda

Żaba

ekorre

Wiewiórka

igelkott

Jeż

hare

Zając

uggla

Sowa

fågel

Ptak

svan

Łabędź

vildsvin

Dzik

rådjur

Jeleń

älg

Łoś

damm

Tama

vindkraftverk

Wiatrak

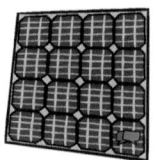

solcellspanel

Moduł solarny

klimat

Klimat

restaurang

Restauracja

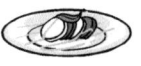

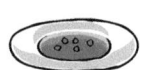

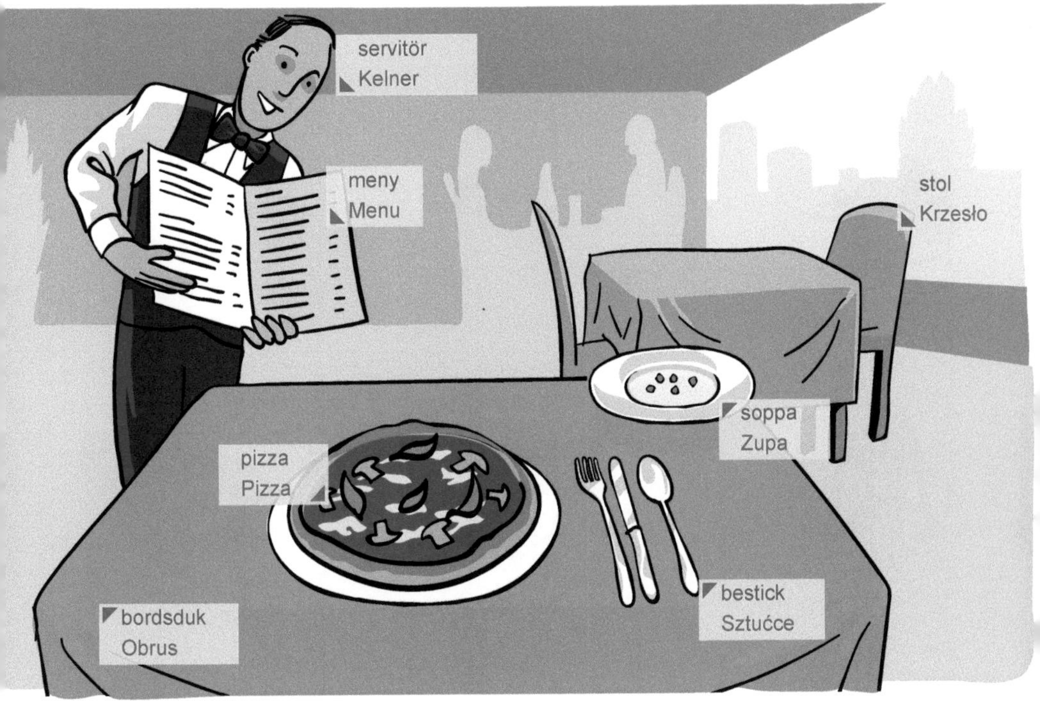
servitör
Kelner
meny
Menu
stol
Krzesło
soppa
Zupa
pizza
Pizza
bordsduk
Obrus
bestick
Sztućce

förrätt

Przystawka

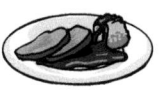

huvudrätt

Danie główne

dessert

Deser

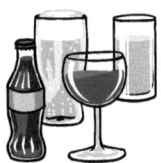

drycker

Napoje

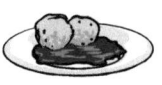

mat

Jedzenie

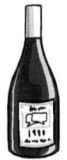

flaska

Butelka

snabbmat

Fastfood

street food

Streetfood

tekanna

Dzbanek na herbatę

sockerskål

Cukierniczka

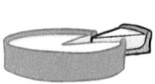

portion

Porcja

espressomaskin

Zaparzarka do espresso

barnstol

Krzesło dla dziecka

räkning

Rachunek

bricka

Taca

kniv

Nóż

gaffel

Widelec

sked

Łyżka

tesked

Łyżeczka

servett

Serwetka

glas

Szklanka

tallrik

Talerz

sopptallrik

Talerz do zupy

tefat

Podstawek pod filiżankę

sås

Sos

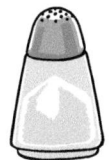

saltkar

Solniczka

pepparkvarn

Młynek do pieprzu

vinäger

Ocet

olja

Olej

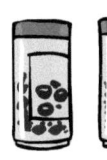

kryddor

Przyprawy

ketchup

Keczup

senap

Musztarda

majonnäs

Majonez

stormarknad
Supermarket

specialerbjudande
Oferta
FOR
kund
Klient
mejeriprodukter
Produkty mleczne
frukt
Owoce
varukorg
Wózek sklepowy

BUTCHERS

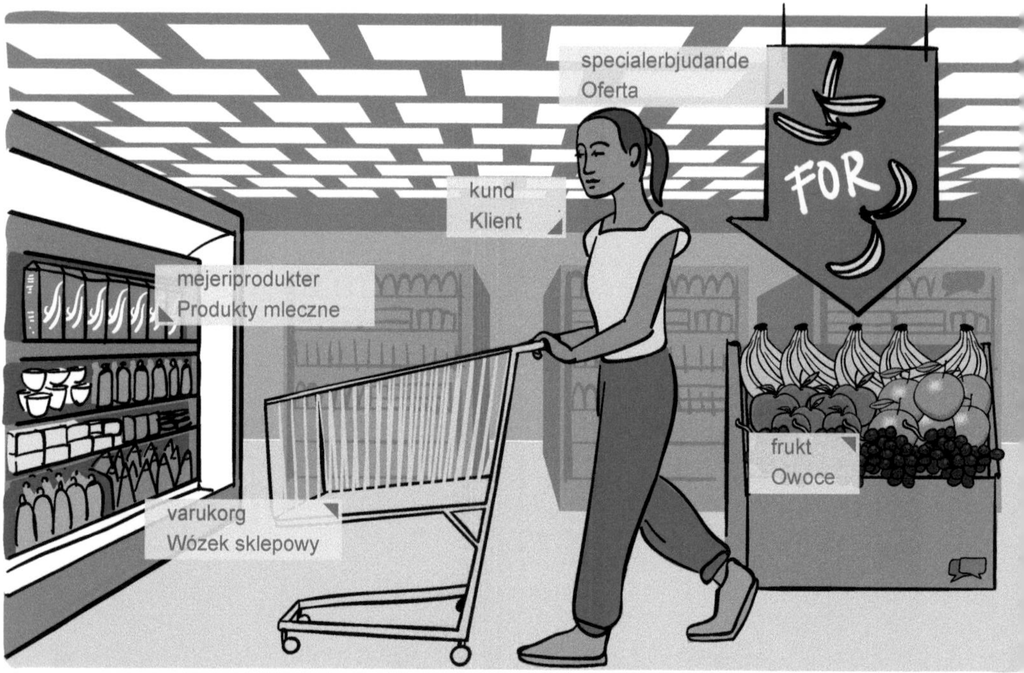

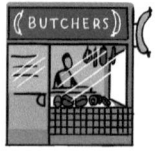

charkuteri

Rzeźnia

BAKERY

bageri

Piekarnia

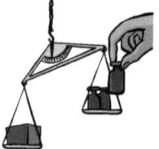

väga

ważyć

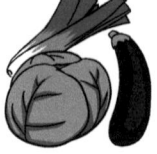

grönsaker

Warzywa

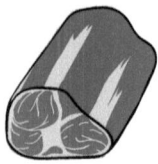

kött

Mięso

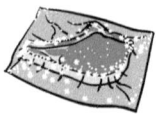

frysta livsmedel

Mrożonki

pålägg

Wędliny

konserver

Konserwy

tvättmedel

Proszek m do prania

godis

Słodycze

hushållsprodukter

Artykuły użytku domowego

rengöringsmedel

Środek czyszczący

försäljare

Sprzedawczyni

kassa

Kasa

kassör

Kasjer

inköpslista

Lista zakupów

öppettider

Godziny otwarcia

plånbok

Portfel

kreditkort

Karta kredytowa

väska

Torba

plastpåse

Torebka plastikowa

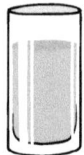

vatten

Woda

juice

Sok

mjölk

Mleko

cola

Cola

vin

Wino

öl

Piwo

alkohol

Alkohol

kakao

Kakao

te

Herbata

kaffe

Kawa

espresso

Espresso

cappuccino

Cappuccino

banan

Banan

äpple

Jabłko

apelsin

Pomarańcza

melon

Arbuz

citron

Cytryna

morot

Marchew

vitlök

Czosnek

bambu

Bambus

lök

Cebula

svamp

Grzyb

nötter

Orzechy

nudlar

Makaron

spaghetti

Spaghetti

ris

Ryż

sallad

Sałatka

pommes frites

Frytki

stekt potatis

Ziemniaki pieczone

pizza

Pizza

hamburgare

Hamburger

smörgås

Kanapka

schnitzel

Sznycel

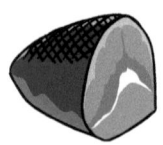

skinka

Szynka

salami

Salami

korv

Kiełbasa

kyckling

Kura

stek

Pieczeń

fisk

Ryba

havregryn

Płatki owsiane

müsli

Musli

cornflakes

Płatki kukurydziane

mjöl

Mąka

croissant

Croissant

fralla

Bułka

bröd

Chleb

rostat bröd

Toast

kex

Ciastka

smör

Masło

kvarg

Twarożek

kaka

Ciasto

ägg

Jajko

stekt ägg

Jajko sadzone

ost

Ser

glass

Lody

socker

Cukier

honung

Miód

sylt

Marmolada

nougatkräm

Krem nugatowy

curry

Curry

bondgård
Gospodarstwo chłopskie

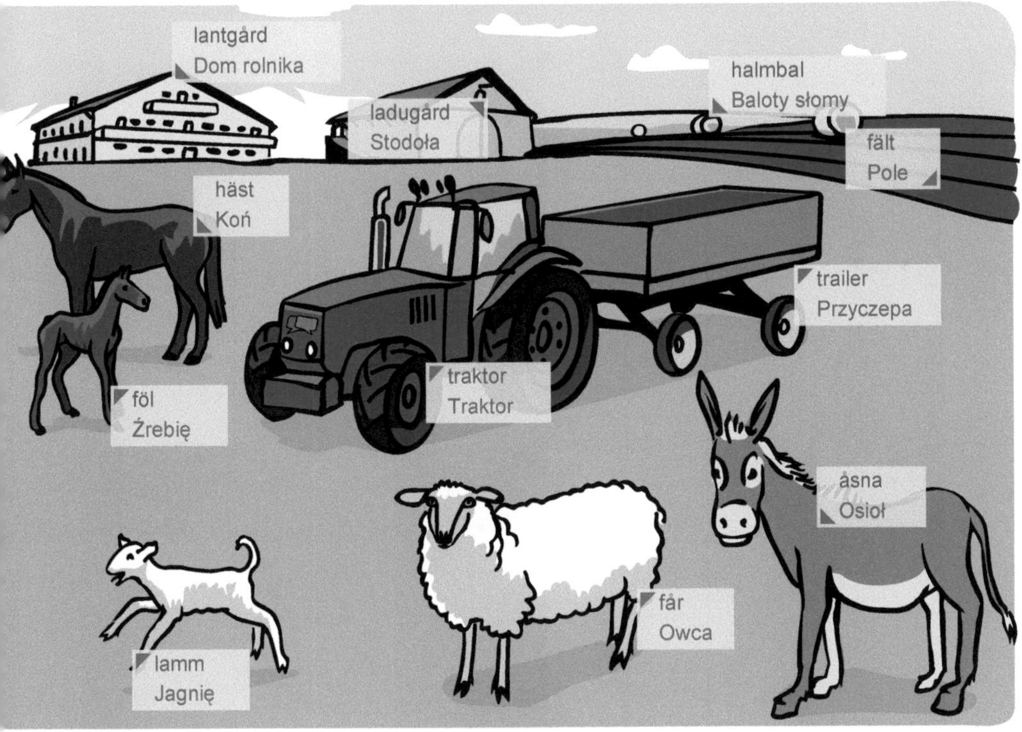

lantgård
Dom rolnika
ladugård
Stodoła
halmbal
Baloty słomy
fält
Pole
häst
Koń
trailer
Przyczepa
traktor
Traktor
föl
Źrebię
åsna
Osioł
får
Owca
lamm
Jagnię

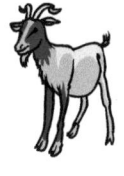

get

Koza

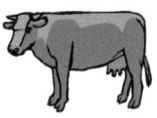

ko

Krowa

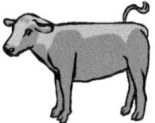

kalv

Cielę

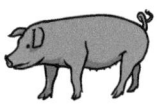

gris

Świnia

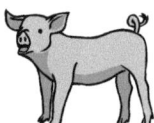

griskulting

Prosię

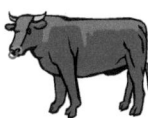

tjur

Byk

gås

Gęś

anka

Kaczka

kyckling

Kurczątko

höna

Kura

tupp

Kogut

råtta

Szczur

katt

Kot

mus

Mysz

oxe

Osioł

hund

Pies

hundkoja

Buda dla psa

trädgårdsslang

Wąż ogrodowy

vattenkanna

Konewka

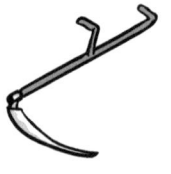

lie

Kosa

plog

Pług

bondgård - Gospodarstwo chłopskie

skära
Sierp

hacka
Graca

högaffel
Widły

yxa
Siekiera

skottkärra
Taczka

tråg
Koryto

mjölkflaska
Kanka na mleko

säck
Worek

staket
Płot

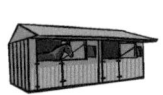

stall
Stajnia

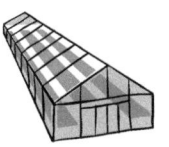

växthus
Szklarnia

jord
Ziemia

säd
Nasiona

gödsel
Nawóz

skördetröska
Kombajn zbożowy

skörda

zbierać

skörd

Żniwa

jams

Podchrzyn

vete

Pszenica

soja

Soja

potatis

Ziemniak

majs

Kukurydza

raps

Rzepak

fruktträd

Drzewo owocowe

maniok

Maniok

spannmål

Zboże

bondgård - Gospodarstwo chłopskie

skorsten
Komin

tak
Dach

stuprör
Rynna deszczowa

fönster
Okno

garage
Garaż

dörrklocka
Dzwonek

dörr
Drzwi

soptunna
Wiaderko na śmieci

brevlåda
Skrzynka na listy

trädgård
Ogród

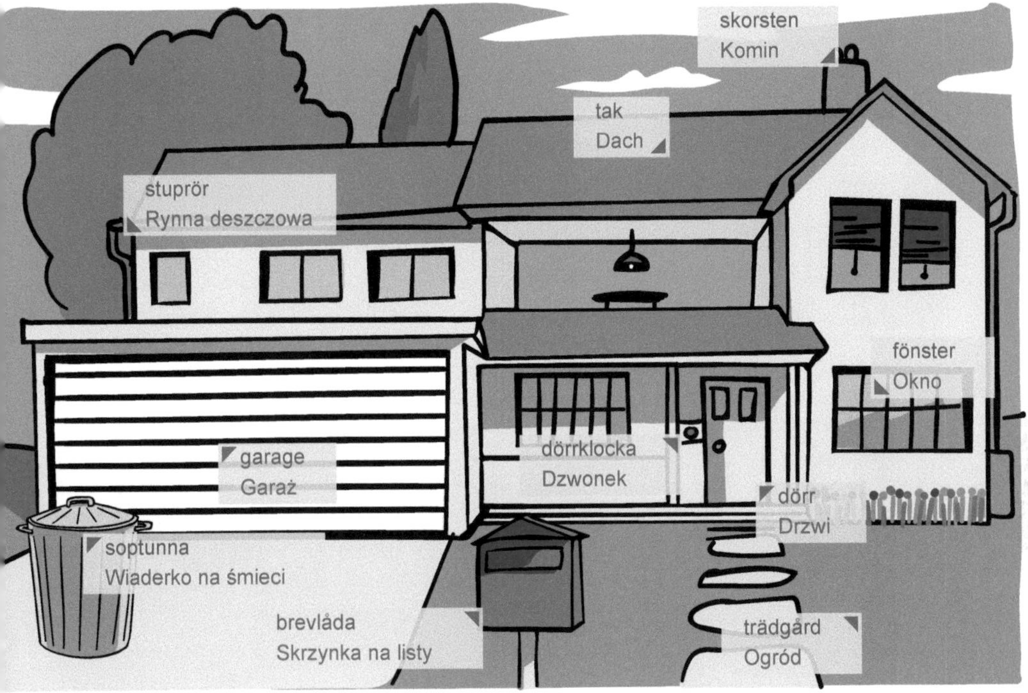

vardagsrum
....
Pokój dzienny

badrum
....
Łazienka

kök
....
Kuchnia

sovrum
....
Sypialnia

barnrum
....
Pokój dziecięcy

matsal
....
Jadalnia

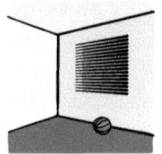

golv
Ziemia

vägg
Ściana

tak
Koc

källare
Piwnica

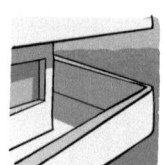

bastu
Sauna

balkong
Balkon

terrass
Taras

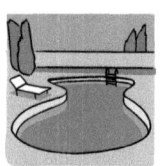

bassäng
Basen

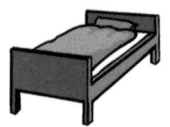

gräsklippare
Kosiarka do trawy

lakan
Poszwa

överkast
Kołdra

säng
Łóżko

kvast
Miotła

hink
Wiadro

strömbrytare
Włącznik

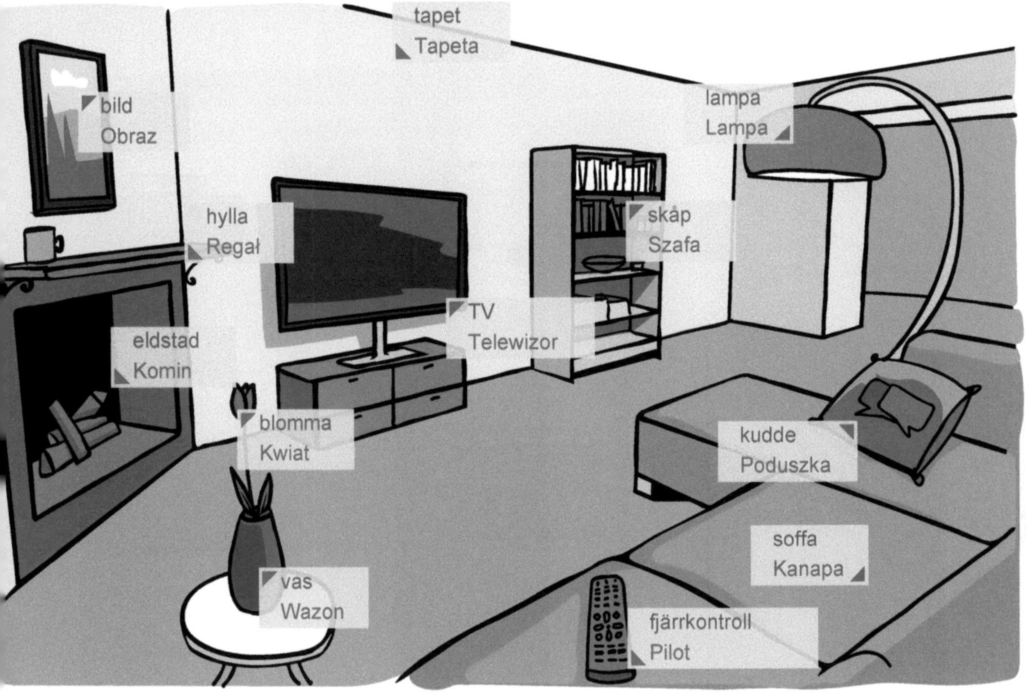

tapet
Tapeta

bild
Obraz

lampa
Lampa

hylla
Regał

skåp
Szafa

eldstad
Komin

TV
Telewizor

blomma
Kwiat

kudde
Poduszka

soffa
Kanapa

vas
Wazon

fjärrkontroll
Pilot

matta

Dywan

gardin

Zasłona

bord

Stół

stol

Krzesło

gungstol

Bujak

fåtölj

Fotel

bok

Książka

filt

Sufit

dekoration

Dekoracja

vedträ

Drewno kominkowe

film

Film

stereoanläggning

Instalacja stereo

nyckel

Klucz

dagstidning

Gazeta

målning

Malunek

poster

Plakat

radio

Radio

anteckningsbok

Notatnik

dammsugare

Odkurzacz

kaktus

Kaktus

stearinljus

Świeczka

kök
Kuchnia

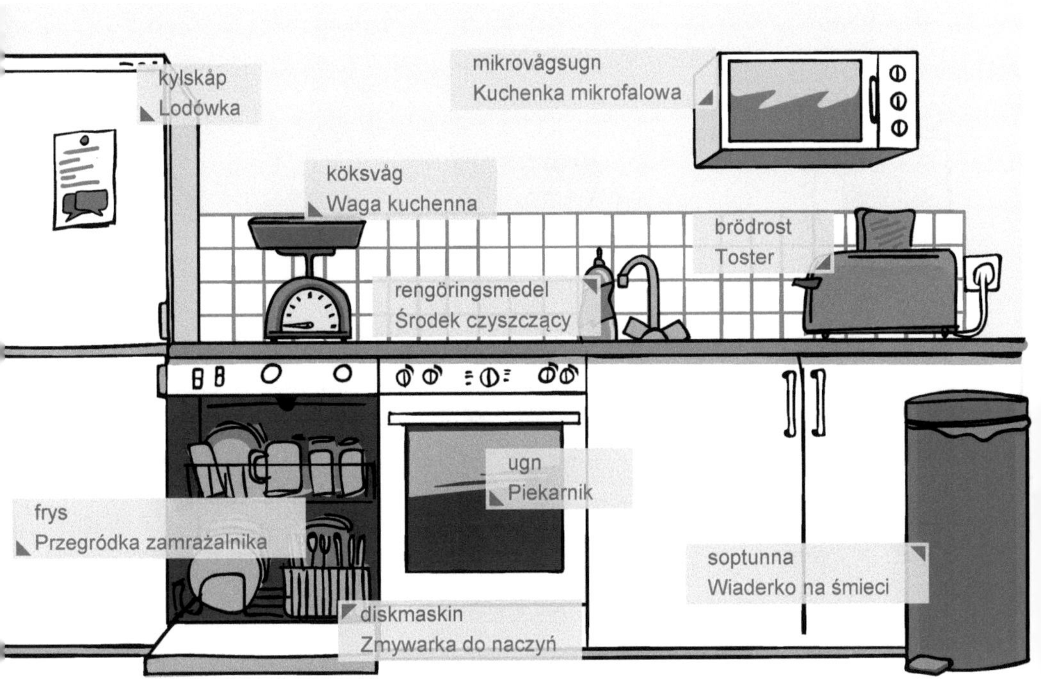

kylskåp
Lodówka
mikrovågsugn
Kuchenka mikrofalowa
köksvåg
Waga kuchenna
brödrost
Toster
rengöringsmedel
Środek czyszczący
ugn
Piekarnik
frys
Przegródka zamrażalnika
soptunna
Wiaderko na śmieci
diskmaskin
Zmywarka do naczyń

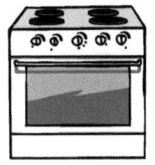

spis

Kuchenka

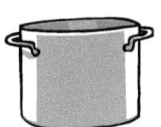

kastrull

Garnek

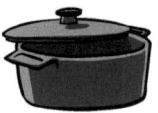

järngryta

Kocioł żeliwny

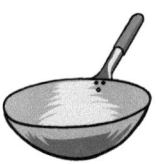

wok / kadai

Wok / Kadai

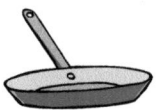

stekpanna

Patelnia

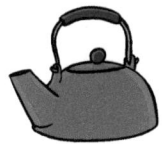

vattenkokare

Czajnik

ångkokare

Parowar

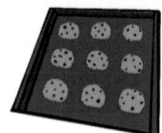

bakplåt

Blacha do pieczenia

porslin

Naczynia kuchenne

mugg

Kubek

skål

Miska

ätpinnar

Pałeczki

soppslev

Nabierka

stekspade

Łopatka do smażenia

visp

Trzepaczka do śmietany

durkslag

Cedzak

sil

Sitko

rivjärn

Tarka

mortel

Moździerz

grill

Grillowanie

brasa

Palenisko

skärbräda

Deska

kavel

Wałek do ciasta

korkskruv

Korkociąg

burk

Puszka

burköppnare

Otwieracz do puszek

grytlapp

Ściereczka do trzymania garnka

vask

Umywalka

borste

Szczotka

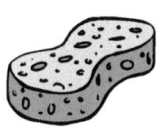

svamp

Gąbka

mixer

Mikser

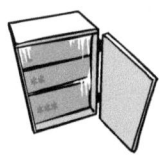

frys

Zamrażarka

nappflaska

Butelka dla niemowlęcia

kran

Kran

badrum
Łazienka

värme
Ogrzewanie
handduk
Ręcznik
dusch
Prysznic
duschdraperi
Kotara prysznicowa
bubbelbad
Płyn do kąpieli
badkar
Wanna kąpielowa
glas
Szklanka
tvättmaskin
Pralka
kran
Kran
kakel
Kafelki
potta
Nocnik
vask
Umywalka

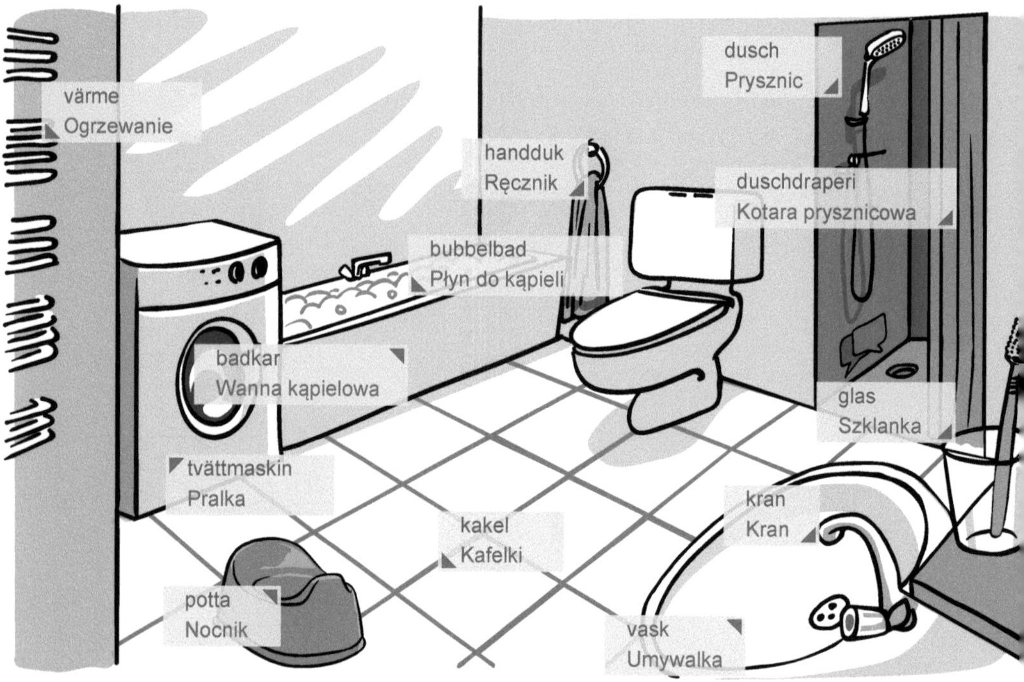

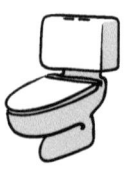

toalett

Toaleta

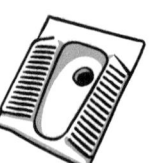

låg toalett

Toaleta kuczna

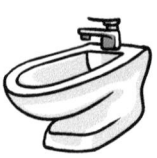

bidet

Bidet

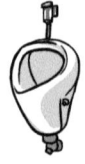

pissoar

Pisuar

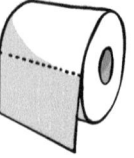

toalettpapper

Papier toaletowy

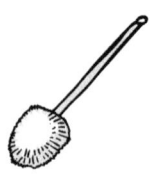

toalettborste

Szczotka toaletowa

tandborste

Szczoteczka do zębów

tandkräm

Pasta do zębów

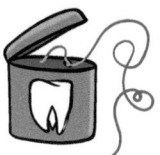

tandtråd

Nitki do czyszczenia zębów

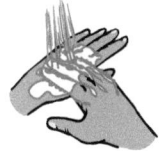

tvätta

myć

handdusch

Głowica prysznicowa

intimdusch

Płyn kąpielowy do higieny intymnej

handfat

Miska do mycia

ryggborste

Szczotka kąpielowa

tvål

Mydło

duschgel

Żel prysznicowy

schampo

Szampon

trasa

Rękawica kąpielowa

avlopp

Odpływ

crème

Krem

deodorant

Dezodorant

spegel

Lustro

handspegel

Lustro kosmetyczne

rakhyvel

Golarka

raklödder

Pianka do golenia

rakvatten

Woda po goleniu

kam

Grzebień

borste

Szczotka

hårtork

Suszarka do włosów

hårspray

Spray do włosów

smink

Makijaż

läppstift

Pomadka

nagellack

Lakier do paznokci

bomullsvadd

Wata

nagelsax

Nożyczki do paznokci

parfym

Perfum

necessär

Kosmetyczka

pall

Taboret

våg

Waga

badrock

Szlafrok kąpielowy

gummihandskar

Rękawice gumowe

tampong

Tampon

binda

Podpaska damska

kemisk toalett

Toaleta chemiczna

barnrum
Pokój dziecięcy

väckarklocka
Budzik
gosedjur
Pluszowa przytulanka
leksaksbil
Samochodzik
skallra
Grzechotka
dockhus
Domek dla lalek
present
Prezent

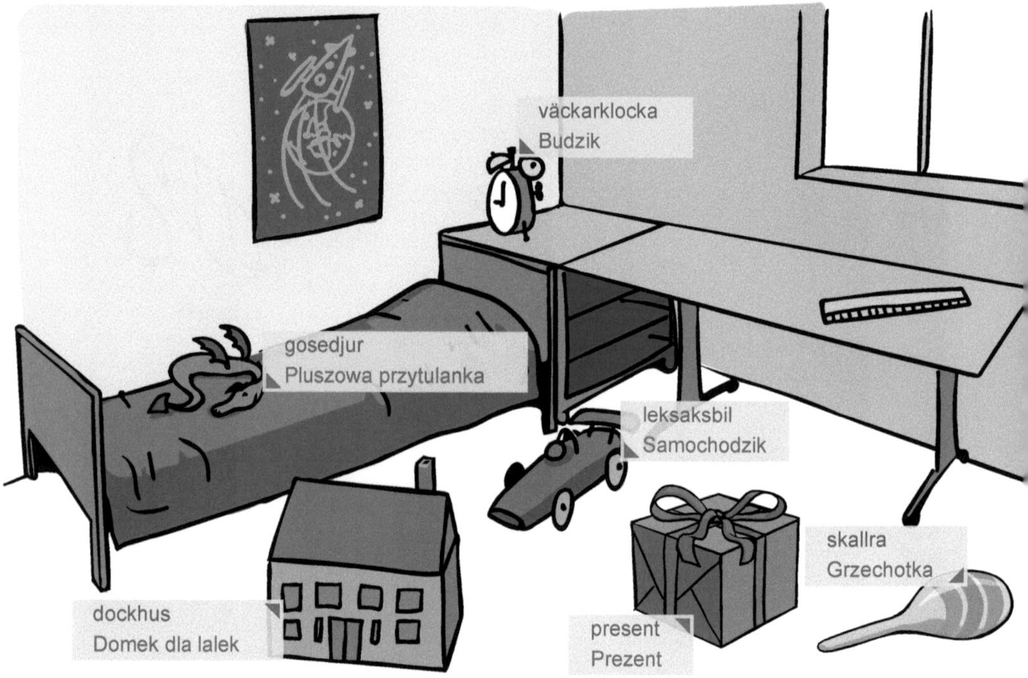

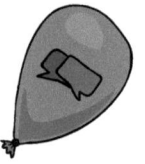

ballong

Balon

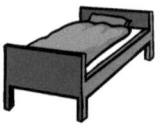

säng

Łóżko

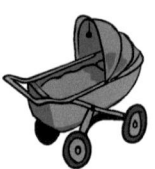

barnvagn

Wózek dziecięcy

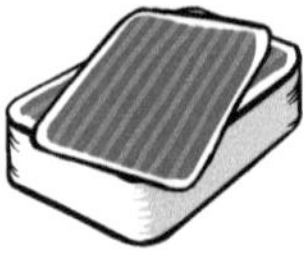

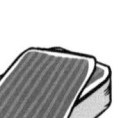

kortlek

Gra w karty

pussel

Puzzle

SUPER
MEGA

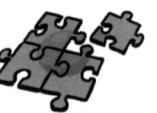

serietidning

Komiks

legobitar

Klocki lego

klossar

Klocki

actionfigur

Action figura

sparkdräkt

Śpioszek dziecięcy

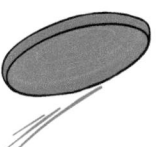

frisbee

Frisbee

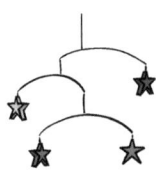

mobil

Zabawki ruchome

brädspel

Gra planszowa

tärning

Kości

modelljärnväg

Kolejka elektryczna

napp

Smoczek

party

Przyjęcie

bilderbok

Książka z ilustracjami

boll

Piłka

docka

Lalka

spela

bawić się

sandlåda

Piaskownica

gunga

Huśtawka

leksaker

Zabawki

spelkonsol

Konsola do gier

trehjuling

Rowerek trójkołowy

nalle

Pluszowy miś

garderob

Szafa ubraniowa

kläder

Ubiór

sockar

Skarpety

strumpor

Pończochy

tights

Rajstopy

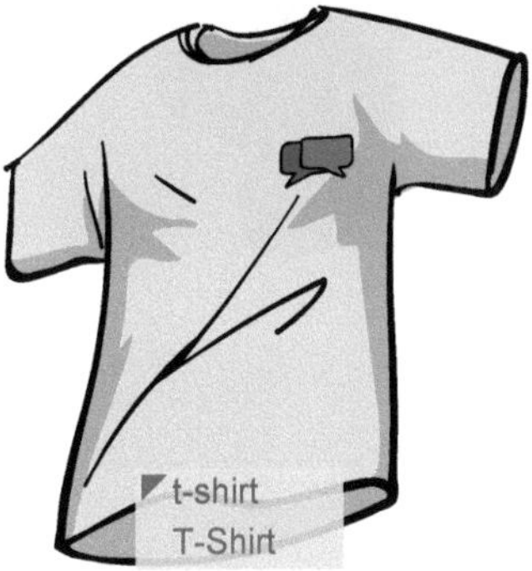

halsduk
Szal

paraply
Parasol

t-shirt
T-Shirt

bälte
Pasek

stövlar
Kozaki

tofflor
Pantofle domowe

sneakers
Obuwie sportowe

sandaler
Sandały

skor
Buty

gummistövlar
Kalosze

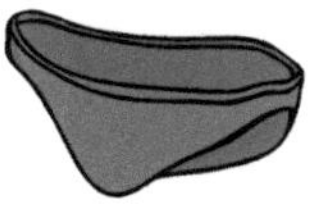

underbyxor
Majtki

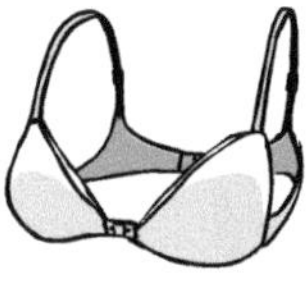

BH
Biustonosz

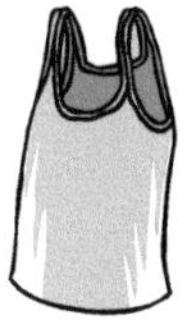

linne
Podkoszulek

body
Body

byxor
Spodnie

jeans
Dżins

kjol
Spódnica

blus
Bluzka

skjorta
Koszula

pullover
Pulower

sweater
Bluza sportowa

blazer
Marynarka

jacka
Kurtka

kappa
Płaszcz

regnjacka
Płaszcz przeciwdeszczowy

dräkt
Kostium

klänning
Sukienka

bröllopsklänning
Suknia ślubna

kostym

Garnitur męski

nattlinne

Koszula nocna

pyjamas

Piżama

sari

Sari

slöja

Chusta na głowę

turban

Turban

burka

Burka

kaftan

Kaftan

abaya

Abaya

baddräkt

Strój kąpielowy

badbyxor

Kąpielówki

shorts

Krótkie spodnie

träningsoverall

Dres sportowy

förkläde

Fartuch

handskar

Rękawiczki

knapp

Guzik

glasögon

Okulary

armband

Bransoletka

halsband

Łańcuszek

ring

Pierścionek

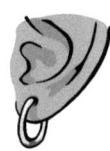

örhänge

Kolczyk

mössa

Czapka

galge

Wieszak

hatt

Kapelusz

slips

Krawat

dragkedja

Zamek błyskawiczny

hjälm

Kask

hängslen

Szelki

skoluniform

Mundurek szkolny

uniform

Mundur

kläder - Ubiór

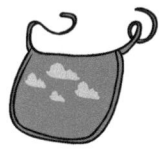

haklapp

Śliniaczek

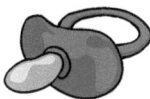

napp

Smoczek

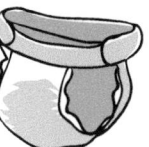

blöja

Pieluszka

kontor
Biuro

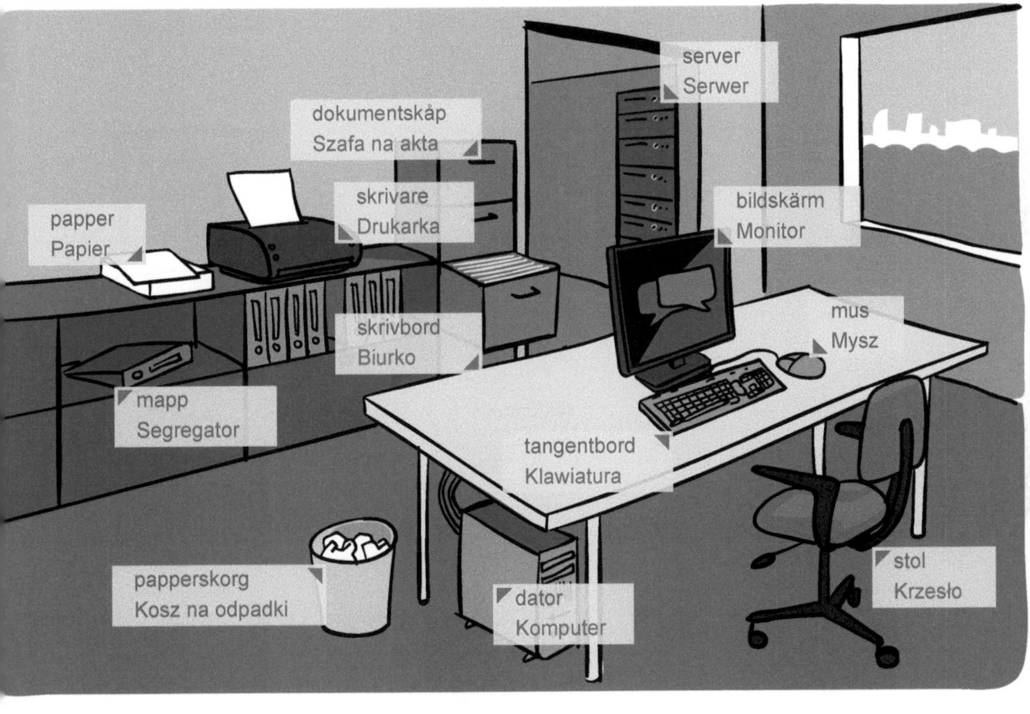

server
Serwer
dokumentskåp
Szafa na akta
skrivare
Drukarka
papper
Papier
bildskärm
Monitor
mus
Mysz
skrivbord
Biurko
mapp
Segregator
tangentbord
Klawiatura
papperskorg
Kosz na odpadki
dator
Komputer
stol
Krzesło

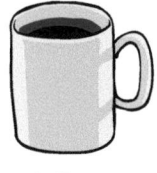

kaffemugg

Filiżanka do kawy

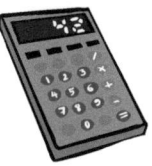

miniräknare

Kalkulator

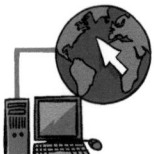

internet

Internet

bärbar dator

Laptop

brev

List

meddelande

Wiadomość

mobiltelefon

Komórka

nätverk

Sieć

kopieringsapparat

Kopiarka

programvara

Oprogramowanie

telefon

Telefon

vägguttag

Gniazdko

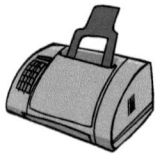

fax

Faks

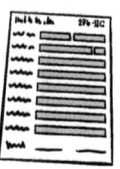

blankett

Formularz

dokument

Dokument

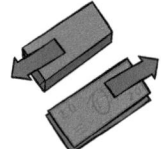

köpa

kupić

betala

płacić

handla

postępować

pengar

Pieniądze

dollar

Dolar

euro

Euro

yen

Jen

rubel

Rubel

schweizisk franc

Frank

renminbi yan

Juan Renminbi

rupie

Rupia

bankomat

Bankomat

växelkontor

Kantor wymiany walut

guld

Złoto

silver

Srebro

olja

Olej

energi

Energia

pris

Cena

kontrakt

Umowa

skatt

Podatek

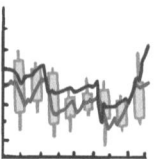

aktie

Akcja

arbeta

pracować

anställd

Pracownik umysłowy

arbetsgivare

Pracodawca

fabrik

Fabryka

affär

Sklep

ekonomi - Gospodarka

yrken
Zawody

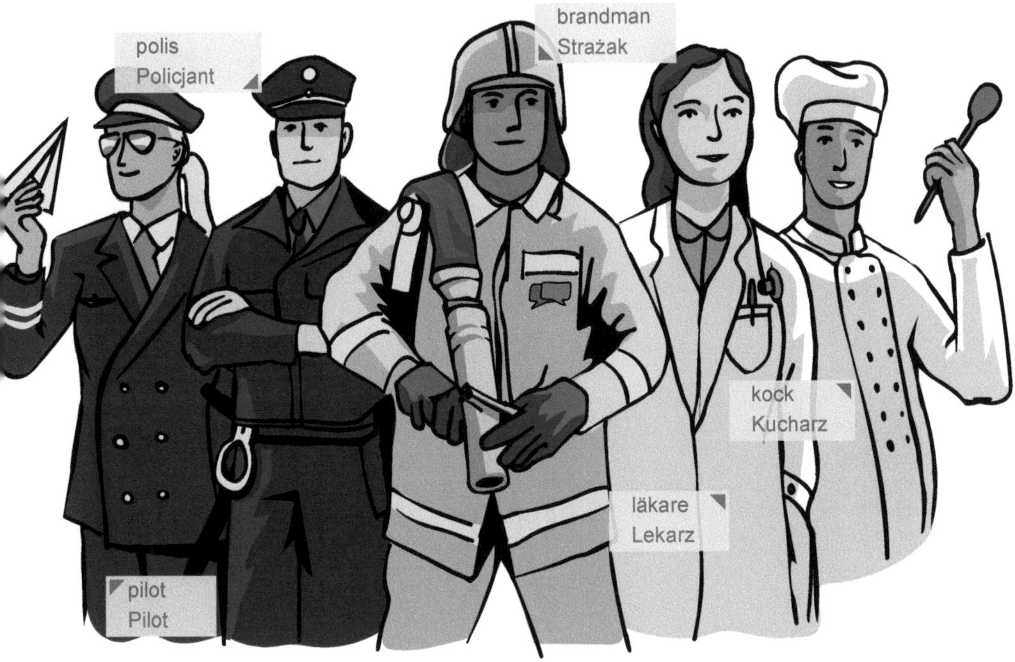
polis
Policjant
brandman
Strażak
kock
Kucharz
läkare
Lekarz
pilot
Pilot

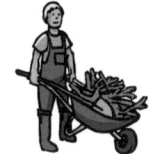

trädgårdsmästare

Ogrodnik

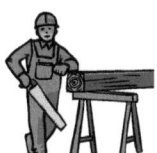

snickare

Stolarz

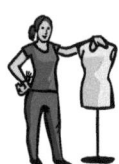

sömmerska

Krawcowa

domare

Sędzia

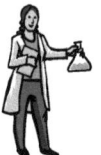

kemist

Chemik

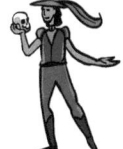

skådespelare

Aktor

busschaufför

Kierowca autobusu

taxichaufför

Taksówkarz

fiskare

Fischer

städerska

Sprzątaczka

takläggare

Dekarz

servitör

Kelner

jägare

Myśliwy

målare

Malarz

bagare

Piekarz

elektriker

Elektryk

byggarbetare

Robotnik budowlany

ingenjör

Inżynier

slaktare

Rzeźnik

rörmokare

Instalator

brevbärare

Listonosz

soldat
Żołnierz

arkitekt
Architekt

kassör
Kasjer

florist
Florysta

frisör
Fryzjer

konduktör
Konduktor

mekaniker
Mechanik

kapten
Kapitan

tandläkare
Dentysta

vetenskapsman
Naukowiec

rabbin
Rabin

imam
Imam

munk
Mnich

präst
Proboszcz

verktyg
Narzędzia

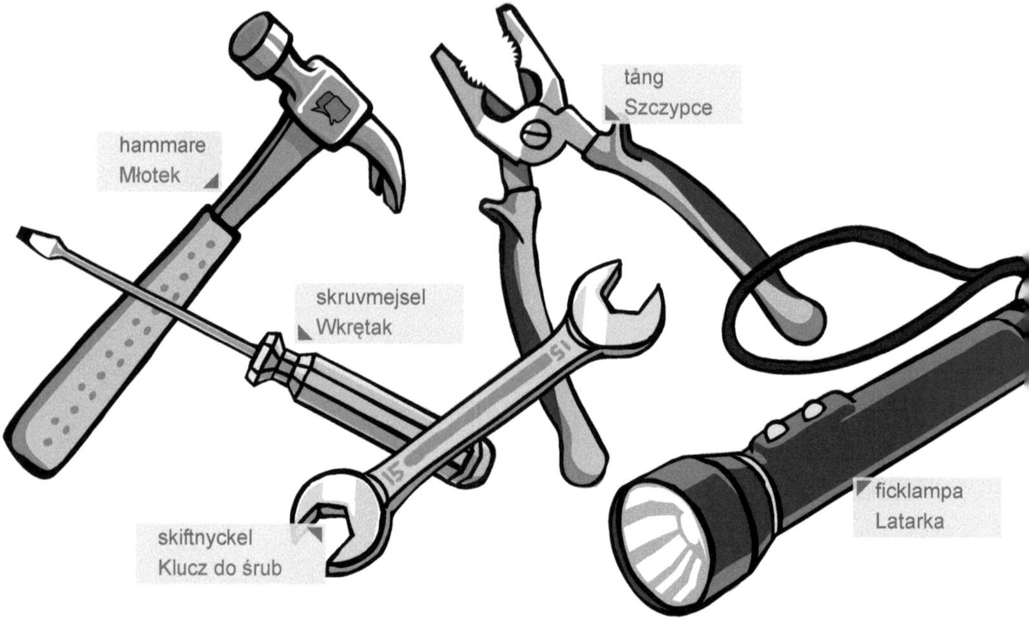

hammare
Młotek
tång
Szczypce
skruvmejsel
Wkrętak
skiftnyckel
Klucz do śrub
ficklampa
Latarka

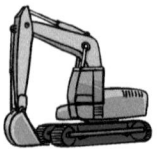

grävmaskin

Koparka

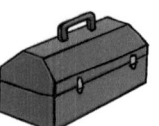

verktygslåda

Skrzynka narzędziowa

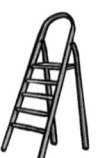

stege

Drabina

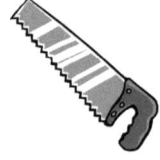

såg

Piła

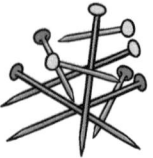

spik

Gwoździe

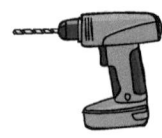

borr

Wiertło

reparera
....
naprawić

spade
....
Łopatka

Helvete!
....
Cholera!

sopskyffel
....
Szufelka

färgburk
....
Puszka z farbą

skruvar
....
Śruby

musikinstrument
Instrumenty muzyczne

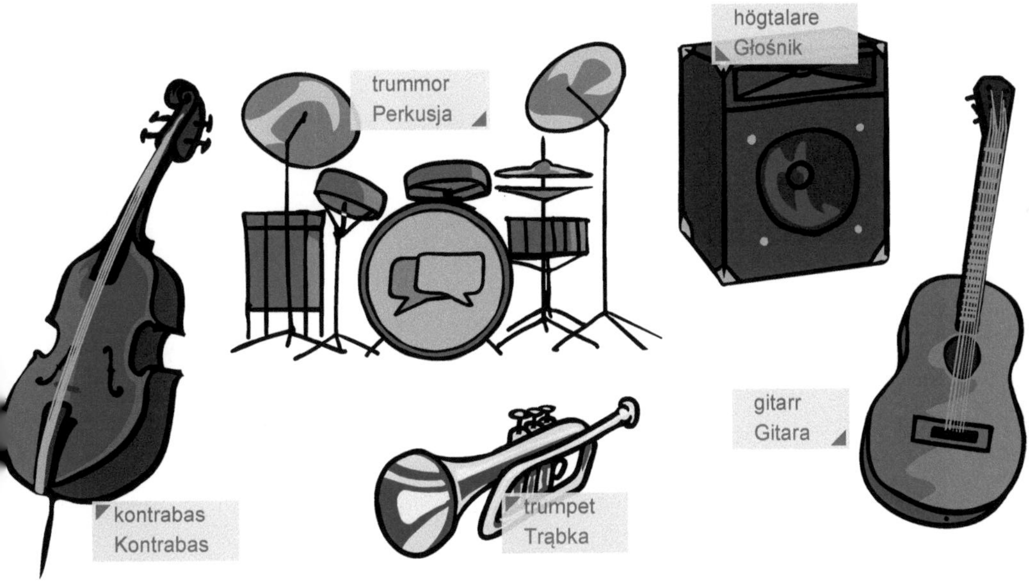

trummor
Perkusja

högtalare
Głośnik

gitarr
Gitara

kontrabas
Kontrabas

trumpet
Trąbka

piano

Pianino

violin

Skrzypce

bas

Bas

timpani

Kotły

trumma

Bęben

keyboard

Keyboard

saxofon

Saksofon

flöjt

Flet

mikrofon

Mikrofon

ingång
Wejście

tiger
Tygrys

bur
Klatka

zebra
Zebra

djurfoder
Pasza

panda
Panda

djur

Zwierzęta

elefant

Słoń

känguru

Kangur

noshörning

Nosorożec

gorilla

Goryl

björn

Niedźwiedź

kamel

Wielbłąd

struts

Struś

lejon

Lew

apa

Małpa

flamingo

Fleming

papegoja

Papuga

isbjörn

Niedźwiedź polarny

pingvin

Pingwin

haj

Rekin

påfågel

Paw

orm

Wąż

krokodil

Krokodyl

djurskötare

Dozorca w zoo

säl

Foka

jaguar

Jaguar

ponny

Kucyk

leopard

Gepard

flodhäst

Hipopotam

giraff

Żyrafa

örn

Orzeł

vildsvin

Dzik

fisk

Ryba

sköldpadda

Żółw

valross

Mors

räv

Lis

gazell

Gazela

amerikansk fotboll
Futbol amerykański

cykling
Kolarstwo

tennis
Tenis

basket
Koszykówka

simning
Pływanie

boxning
Boks

ishockey
Hokej na lodzie

fotboll
Piłka nożna

badminton
Badminton

friidrott
Lekka atletyka

handboll
Piłka ręczna

skidåkning
Narciarstwo

polo
Polo

aktiviteter

Działania

skratta
śmiać się
hoppa
skakać
krama
objąć
gå
iść
sjunga
śpiewać
drömma
marzyć
be
modlić się
kyssa
całować

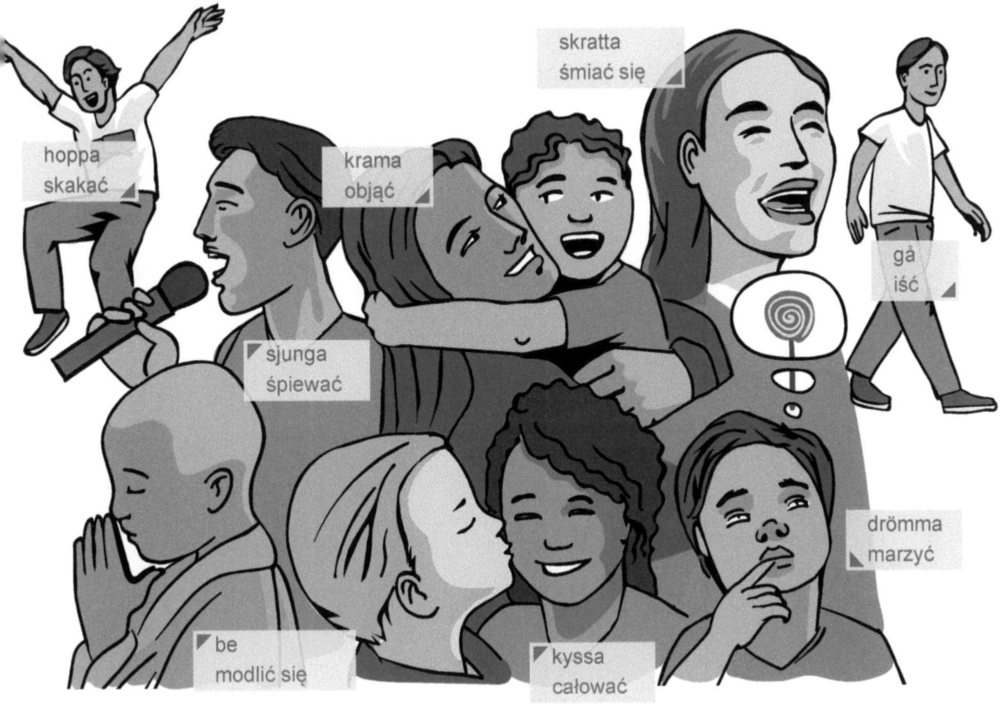

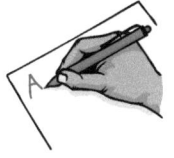

skriva
pisać

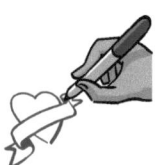

rita
rysować

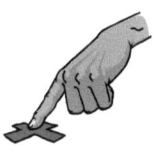

visa
pokazywać

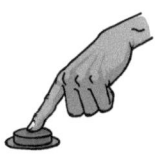

skjuta
nacisnąć

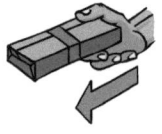

ge
dać

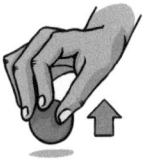

ta
wziąć

hagel

mieć

göra

robić

vara

być

stå

stać

springa

biegać

dra

ciągnąć

kasta

rzucać

falla

spaść

ligga

leżeć

vänta

czekać

bära

nosić

sitta

siedzieć

klä på

zakładać

sova

spać

vakna

budzić się

se på
spojrzeć

gråta
płakać

smeka
głaskać

kamma
czesać się

prata
mówić

förstå
rozumieć

fråga
pytać

höra
słyszeć

dricka
pić

äta
jeść

städa
sprzątać

älska
kochać

laga mat
gotować

köra
jechać

flyga
latać

segla
....
żeglować

räkna
....
liczyć

läsa
....
czytać

lära sig
....
uczyć się

arbeta
....
pracować

gifta sig
....
wejść w związek małżeński

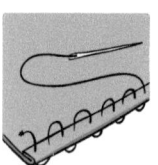

sy
....
szyć

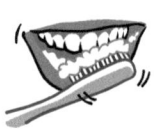

borsta tänderna
....
myć zęby

döda
....
zabić

röka
....
palić tytoń

skicka
....
wysłać

mormor/farmor
Babcia

morfar/farfar
Dziadek

pappa
Ojciec

mamma
Matka

baby
Niemowlę

dotter
Córka

son
Syn

gäst

Gość

moster/faster

Ciotka

farbror/morbror

Wujek

bror

Brat

syster

Siostra

kropp

Ciało

panna
Czoło
öga
Oko
skuldra
Ramię
finger
Palec
ansikte
Twarz
haka
Broda
hand
Ręka
bröst
Pierś
ben
Noga
arm
Ramię

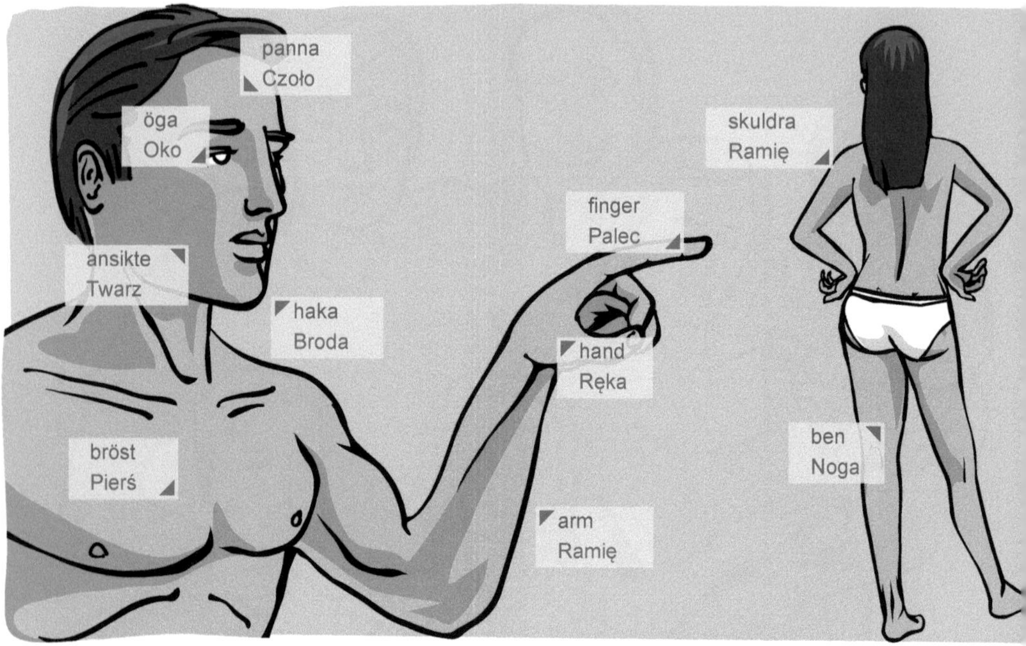

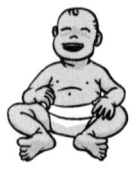

baby

Niemowlę

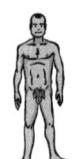

man

Mężczyzna

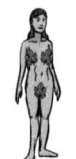

kvinna

Kobieta

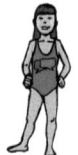

flicka

Dziewczyna

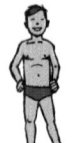

pojke

Chłopiec

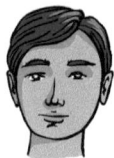

huvud

Głowa

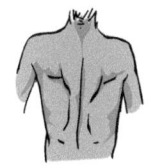

rygg

Plecy

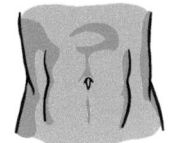

mage

Brzuch

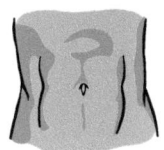

navel

Pępek

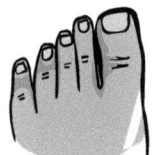

tå

palec nogi

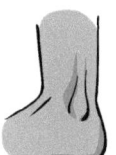

häl

Pięta

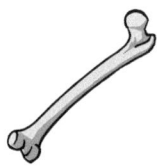

ben

Kość

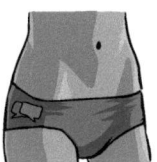

höft

Biodro

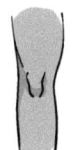

knä

Kolano

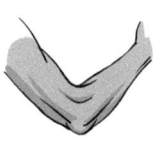

armbåge

Łokieć

näsa

Nos

stjärt

Pośladki

hud

Skóra

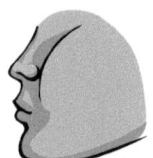

kind

Policzek

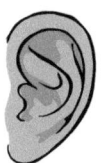

öra

Uszy

läpp

Warga

mun

Usta

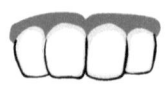

tand

Ząb

tunga

Język

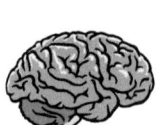

hjärna

Mózg

hjärta

Serce

muskel

Mięsień

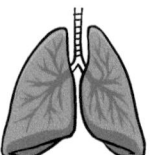

lunga

Płuca

lever

Wątroba

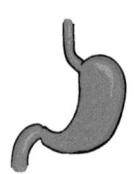

magsäck

Żołądek

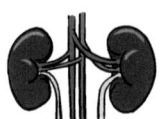

njurar

Nerki

sex

Stosunek płciowy

kondom

Kondom

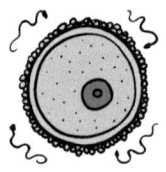

äggcell

Komórka jajowa

sperma

Sperma

graviditet

Ciąża

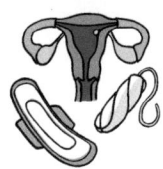

menstruation

Menstruacja

vagina

Wagina

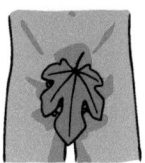

penis

Penis

ögonbryn

Brew

hår

Włosy

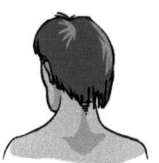

nacke

Szyja

sjukhus
Szpital

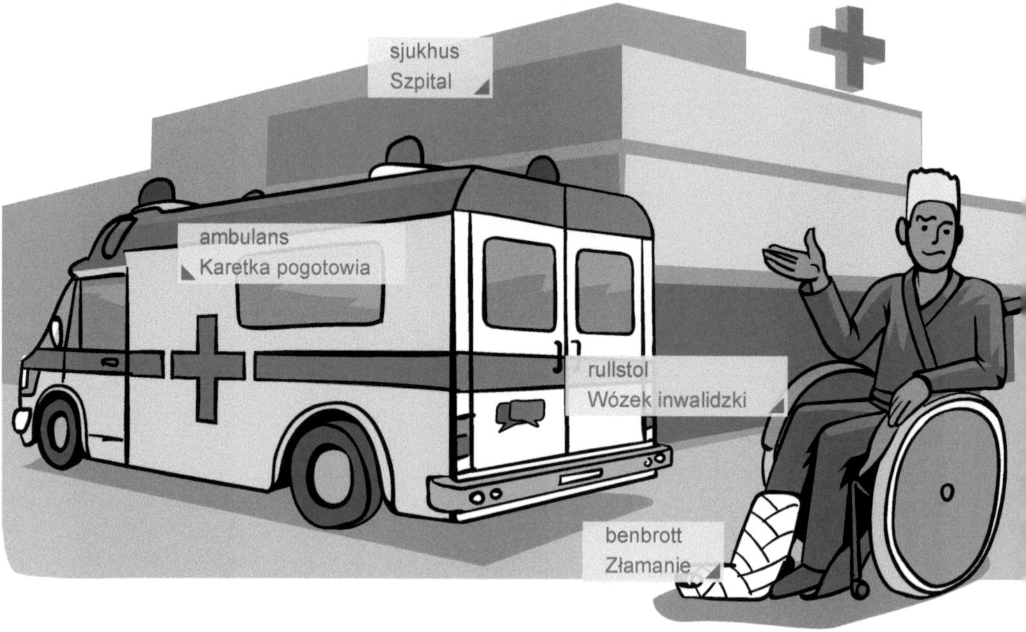

sjukhus
Szpital
ambulans
Karetka pogotowia
rullstol
Wózek inwalidzki
benbrott
Złamanie

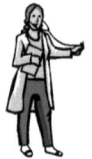

läkare

Lekarz

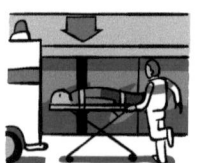

akutmottagning

Izba przyjęć

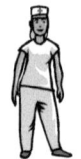

sjuksköterska

Pielęgniarka

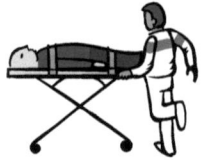

nödsituation

Nagły przypadek

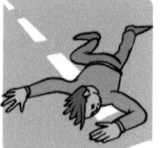

medvetslös

nieprzytomny

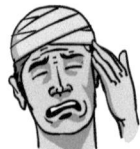

smärta

Ból

skada

Skaleczenie

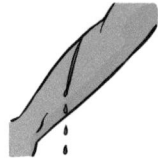

blödning

Krwawienie

hjärtattack

Zawał serca

slaganfall

Udar mózgu

allergi

Alergia

hosta

Kaszleć

feber

Gorączka

influensa

Grypa

diarré

Biegunka

huvudvärk

Ból głowy

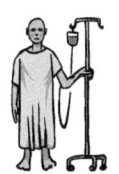

cancer

Rak

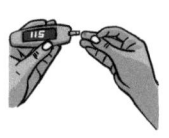

diabetes

Cukrzyca

kirurg

Chirurg

skalpell

Skalpel

operation

Operacja

CT
CT

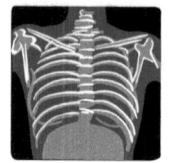

röntgen
Rentgen

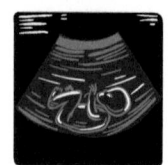

ultraljud
Ultradźwięki

ansiktsmask
Maska

sjukdom
Choroba

väntsal
Poczekalnia

krycka
Kula

plåster
Plaster

bandage
Opatrunek

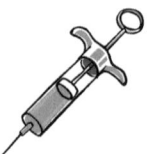

injektion
Iniekcja

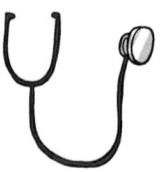

stetoskop
Stetoskop

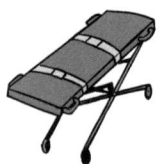

bår
Nosze

termometer
Termometr

födsel
Poród

övervikt
Nadwaga

hörapparat

Aparat słuchowy

desinfektionsmedel

Środek dezynfekcyjny

infektion

Infekcja

virus

Wirus

HIV / AIDS

HIV / AIDS

medicin

Medycyna

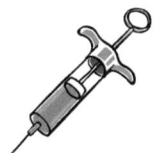

vaccination

Szczepienie

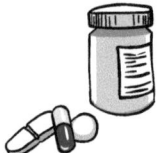

tabletter

Tabletki

p-piller

Pigułka

nödsamtal

Telefon ratunkowy

blodtrycksmätare

Ciśnieniomierz krwi

sjuk / frisk

chory / zdrowy

Hjälp!

Pomocy!

alarm

Alarm

överfall

Napad

misshandel

Atak

fara

Niebezpieczeństwo

nödutgång

Wyjście awaryjne

Det brinner!

Pożar!

brandsläckare

Gaśnica

olycka

Wypadek

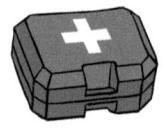

förbandslåda

Walizeczka pierwszej pomocy

SOS

SOS

polis

Policja

Europa

Europa

Nordamerika

Ameryka Północna

Sydamerika

Ameryka Południowa

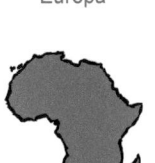

Afrika

Afryka

Asien

Azja

Australien

Australia

Atlanten

Atlantyk

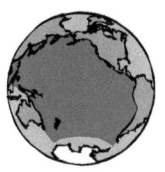

Stilla Havet

Pacyfik

Indiska Oceanen

Ocean Indyjski

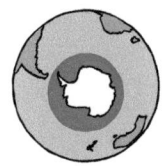

Antarktiska Oceanen

Ocean Antarktyczny

Arktiska Oceanen

Ocean Arktyczny

Nordpol

Biegun północny

Sydpol

Biegun południowy

Antarktis

Antarktyda

Jorden

Ziemia

land

Kraj

hav

Morze

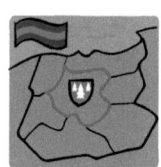

ö

Wyspa

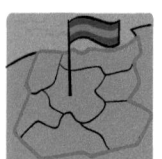

nation

Naród

stat

Państwo

78

Jorden - Ziemia

urtavla
....
Cyferblat

timvisare
....
Wskazówka godzinowa

minutvisare
....
Wskazówka minutowa

sekundvisare
....
Wskazówka sekundowa

Vad är klockan?
....
Która godzina?

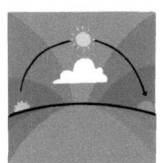

dag
....
Dzień

tid
....
Czas

nu
....
teraz

digital klocka
....
Zegarek digitalny

minut
....
Minuta

timme
....
Godzina

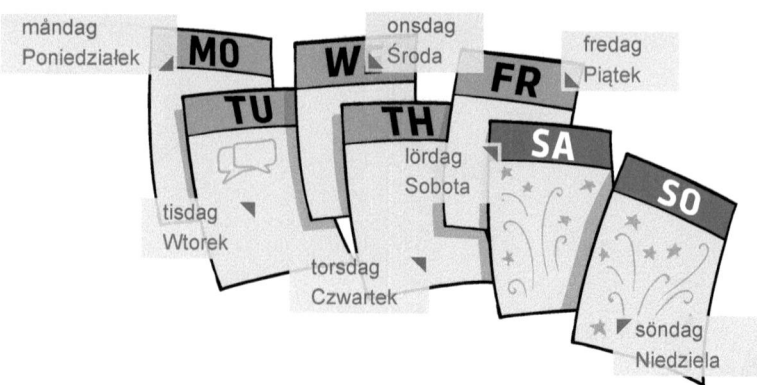

måndag
Poniedziałek

onsdag
Środa

fredag
Piątek

tisdag
Wtorek

lördag
Sobota

torsdag
Czwartek

söndag
Niedziela

igår
wczoraj

idag
dzisiaj

imorgon
jutro

morgon
Rano

middag
Południe

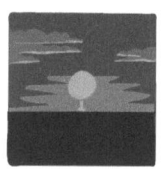

kväll
Wieczór

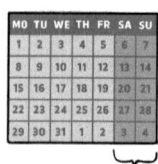

vardagar
Dni robocze

helg
Weekend

regn
Deszcz

regnbåge
Tęcza

vind
Wiatr

snö
Śnieg

vår
Wiosna

höst
Jesień

sommar
Lato

vinter
Zima

4.APRIL	11°	☀
5.APRIL	4°	☁
6.APRIL	13°	☂
7.APRIL	8°	❄
8.APRIL	10°	☀

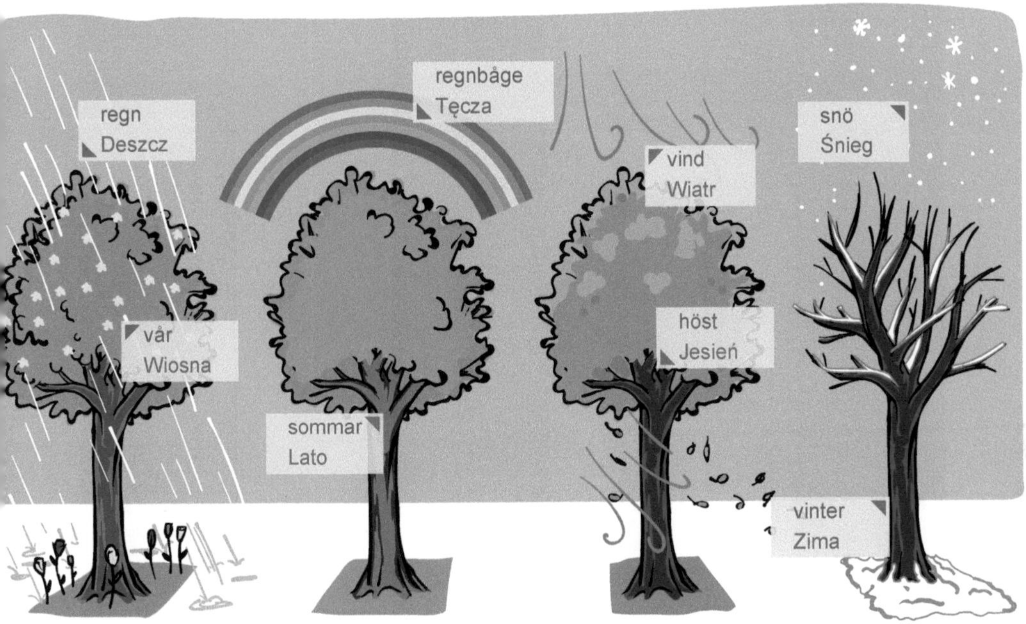

väderprognos

Prognoza pogody

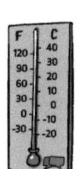

termometer

Termometr

solsken

Światło słoneczne

moln

Chmura

dimma

Mgła

luftfuktighet

Wilgotność powietrza

blixt

Błyskawica

åska

Grzmot

storm

Sztorm

hagel

Grad

monsun

Monsun

översvämning

Potop

is

Lód

januari

Styczeń

februari

Luty

mars

Marzec

april

Kwiecień

maj

Maj

juni

Czerwiec

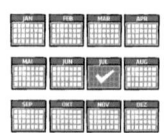

juli

Lipiec

augusti

Sierpień

september
....
Wrzesień

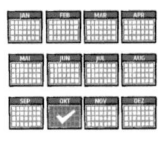

oktober
....
Październik

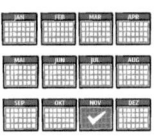

november
....
Listopad

december
....
Grudzień

Kształty

cirkel
....
Koło

kvadrat
....
Kwadrat

rektangel
....
Prostokąt

triangel
....
Trójkąt

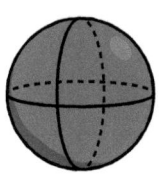

sfär
....
Kula

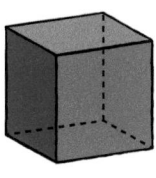

kub
....
Sześcian

vit
....
biały

gul
....
żółty

orange
....
pomarańczowy

rosa
....
różowy

röd
....
czerwony

lila
....
liliowy

blå
....
niebieski

grön
....
zielony

brun
....
brązowy

grå
....
szary

svart
....
czarny

mycket / lite

dużo / mało

arg / lugn

wściekły / spokojny

vacker / ful

piękny / brzydki

början / slut

początek / koniec

stor / liten

duży / mały

ljus / mörk

jasny / ciemny

bror / syster

brat / siostra

ren / smutsig

czysty / brudny

komplett / ofullständig

kompletny / niekompletny

dag / natt

dzień / noc

död / levande

umarły / żywy

bred / smal

szeroki / wąski

ätlig / oätlig

jadalny / niejadalny

ond / god

zły / uprzejmy

upphetsad / uttråkad

podniecony / znudzony

tjock / smal

gruby / chudy

först / sist

najpierw / na końcu

vän / fiende

przyjaciel / wróg

full / tom

pełen / pusty

hård / mjuk

twardy / miękki

tung / lätt

ciężki / lekki

hunger / törst

głód / pragnienie

sjuk / frisk

chory / zdrowy

olaglig / laglig

nielegalny / legalny

intelligent / dum

inteligentny / głupi

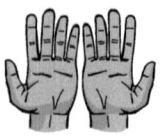

vänster / höger

lewo / prawo

nära / långt bort

bliski / daleki

ny / begagnad

nowy / używany

inget / något

nic / coś

gammal / ung

stary / młody

på / av

włącz / wyłącz

öppen / stängd

otwarty / zamknięty

tyst / högljudd

cichy / głośny

rik / fattig

bogaty / biedny

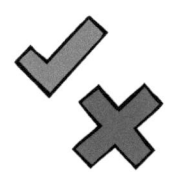

rätt / fel

prawidłowy / błędny

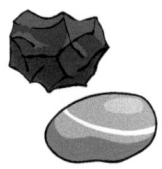

grov / slät

chropowaty / gładki

ledsen / glad

smutny / szczęśliwy

kort / lång

krótki / długi

långsam / snabb

powolny / szybki

våt / torr

mokry/suchy

varm / sval

ciepły / chłodny

krig / fred

wojna / pokój

0

noll

zero

1

ett

jeden

2

två

dwa

3

tre

trzy

4

fyra

cztery

5

fem

pięć

6

sex

sześć

7

sju

siedem

8

åtta

osiem

9

nio

dziewięć

10

tio

dziesięć

11

elva

jedenaście

12
tolv
dwanaście

13
tretton
trzynaście

14
fjorton
czternaście

15
femton
piętnaście

16
sexton
szesnaście

17
sjutton
siedemnaście

18
arton
osiemnaście

19
nitton
dziewiętnaście

20
tjugo
dwadzieścia

100
hundra
sto

1.000
tusen
tysiąc

1.000.000
miljon
milion

engelska

Angielski

amerikansk engelska

Angielski amerykański

kinesisk mandarin

Chiński mandaryński

hindi

Hindi

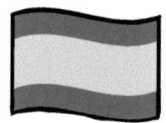

spanska

Hiszpański

franska

Francuski

arabiska

Arabski

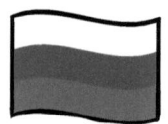

ryska

Rosyjski

portugisiska

Portugalski

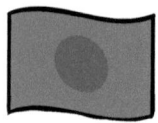

bengali

Bengalski

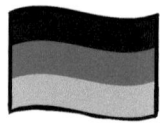

tyska

Niemiecki

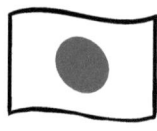

japanska

Japoński

jag

ja

du

ty

han / hon / den (det)

on / ona / ono

vi

my

ni

wy

de

oni

vem?

kto?

vad?

co?

hur?

jak?

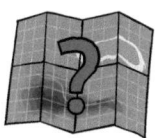

var?

gdzie?

när?

kiedy?

namn

Nazwisko

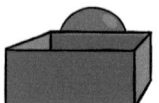

bakom

za

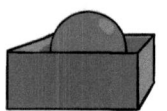

i

w

framför

przed

över

powyżej

på

na

under

pod

bredvid

obok

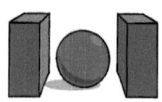

mellan

między

plats

Miejsce